Sol 3242

LE DIVERTISSEMENT ROYAL,

Meslé de Comedie, de Musique, & d'Entrée de Ballet.

A PARIS,

Par ROBERT BALLARD, seul Imprimeur du Roy pour la Musique.

M. DC. LXX.

Auec Priuilege de sa Majesté.

LE DIVERTISSEMENT ROYAL.

AVANT-PROPOS.

E ROY qui ne veut que des choses extraordinaires dans tout ce qu'il entreprend, s'est proposé de donner à sa Cour un Divertissement qui fut composé de tous ceux que le Theatre peut fournir; & pour embrasser cette vaste Idée, & enchaisner ensemble tant de choses diverses, SA MAIESTE' a choisi pour sujet deux Princes Rivaux, qui dans le champestre sejour de la Vallée de Tempé, ou l'on doit celebrer la Feste des Ieux Pythiens, regalent à l'envy une jeune Princesse & sa Mere, de toutes les galanteries dont ils se peuvent aviser.

PREMIERE INTERMEDE.

LE Theatre s'ouvre à l'agreable bruit de quantité d'Inſtrumens, & d'abord il offre aux yeux une vaſte Mer, bordée de chaque coſté de quatre grands Rochers, dont le ſommet porte chacun un Fleuve, accoudé ſur les marques de ces ſortes de Deïtez. Au pied de ces Rochers ſont douze Tritons de chaque coſté, & dans le milieu de la Mer quatre Amours montez ſur des Dauphins, & derriere eux le Dieu Æole élevé au deſſus des Ondes ſur vn petit nüage. Æole commande aux Vents de ſe retirer, & tandis que les Amours, les Tritons, & les Fleuves luy répondent, la Mer ſe calme, & du milieu des Ondes on voit s'élever une Iſle. Huit Peſcheurs ſortent du fond de la Mer avec des nacres de Perles, & des branches de Corail, & apres une Dance agreable vont ſe placer chacun ſur un Rocher au deſſous d'un Fleuve. Le Chœur de la Muſique annonce la venuë de Neptune, & tandis que ce Dieu dance avec ſa ſuite, les Peſcheurs, les Tritons, & les Fleuves accompagnent ſes pas

de

de geftes differents, & de bruit de conques de Perles. Tout ce Spectacle eft une Magnifique Galanterie, dont l'un des Princes regalle fur la Mer la promenade des Princeffes.

NEPTVNE. LE ROY.

Six Dieux Marins. Monfieur le Grand, le Marquis de Villeroy, le Marquis de Raffent, M. Beauchamp, les Sieurs Favier, & la Pierre.

Huit Fleuves. Meffieurs Beaumont, Fernon l'aifné, Noblet, Serignan, David, Aurat, Devellois, & Gillet.

Douze Tritons. Meffieurs le Gros, Hedoüin, Don, Gingan l'aifné, Gingan le cadet, Fernon le cadet, Rebel, Langez, Defchamps, Morel, & deux Pages de la Mufique de la Chapelle.

Quatre Amours. Quatre Pages de la Mufique de la Chambre.

Æole. Monfieur Eftival.

Huit Pefcheurs. Meffieurs Ioüan, Chicanneau, Pezan l'aifné, Magny, Ioubert, Mayeux, la Montagne, & Leftang.

RECIT D'ÆOLE.

Vents, qui troublez les plus beaux jours,
Rentrez dans vos grotes profondes ;
Et laissez regner sur les ondes
Les Zephires & les Amours.

Vn Triton.

Quels beaux yeux ont percé nos demeures humides ?
Venez, venez Tritons, cachez vous Nereïdes.

Tous les Tritons.

Allons tous au devant de ces Divinitez,
Et rendons par nos chants hommage à leurs beautez.

Vn Amour.

Ah que ces Princesses sont belles !

Vn autre Amour.

Quels sont les cœurs qui ne s'y rendroient pas ?

Vn autre Amour.

La plus belle des immortelles,
Nostre Mere, a bien moins d'appas.

Chœur.

Allons tous au devant de ces Divinitez,
Et rendons par nos chants hommage à leurs beautez.

Vn Triton.

Quel noble spectacle s'avance!
Neptune le grand Dieu, Neptune avec sa Cour
Vient honorer ce beau jour
De son Auguste presence.

Chœur.

Redoublons nos Concerts,
Et faisons retentir dans le vague des Airs
Nostre rejouïssance.

POVR LE ROY, representant NEPTVNE.

LE Ciel entre les Dieux les plus considerez
Me donne pour partage vn rang considerable,
Et me faisant regner sur les flots azurez
Rend à tout l'Vnivers mon pouvoir redoutable.

Il n'est aucune terre à me bien regarder
Qui ne doive trembler que je ne m'y répande;
Point d'Etats qu'à l'instant je ne puisse innonder
Des flots impetueux que mon pouvoir commande.

Rien n'en peut arrester le fier débordement,
Et d'vne triple digue à leur force opposée
On les verroit forcer le ferme empeschement,
Et se faire en tous lieux vne ouverture aysée.

Mais je sçay retenir la fureur de ces flots
Par la sage équité du pouvoir que j'exerce,
Et laisser en tous lieux au gré des Matelots
La douce liberté d'vn paisible commerce.

On trouve des Ecueils par fois dans mes Etats,
On void quelques Vaisseaux y perir par l'orage:
Mais contre ma puissance on n'en murmure pas,
Et chez moy la Vertu ne fait jamais naufrage.

Pour Monsieur le Grand.

L'Empire où nous vivons est fertile en tresors,
Tous les mortels en foule accourent sur ses bords,
Et pour faire bien-tost vne haute fortune,
Il ne faut rien qu'avoir la faveur de Neptune.

Pour le Marquis de Villeroy.

SVr la foy de ce Dieu de l'Empire flottant
On peut bien s'embarquer avec toute asseurance;
Les flots ont de l'inconstance;
Mais le Neptune est constant.

Pour le Marquis de Rassent.

VOguez sur cette Mer d'vn Zele inesbranlable,
C'est le moyen d'avoir Neptune favorable.

LE

LE PREMIER ACTE
de la Comedie.

Qvi se passe dans l'agreable solitude de la Vallée de Tempé.

SECOND INTERMEDE.

LA confidente de la jeune Princesse luy produit trois Danceurs, sous le nom de Pantomimes; c'est à dire qui expriment par leurs gestes toutes sortes de choses. La Princesse les voit dancer, & les reçoit à son service.

Trois Pantomimes. Messieurs Beauchamp, S. André, & Favier.

LE SECOND ACTE
de la Comedie.

TROISIESME INTERMEDE.

LE Theatre est une Forest, ou la Princesse est invitée d'aller, vne Nymphe luy en fait les honneurs en chantant, & pour la divertir on luy jouë une petite Comedie en Musique, dont voicy le sujet : Vn Berger se plaint à deux Bergers ses amis des froideurs de celle qu'il ayme, les deux amis le consolent ; & comme la Bergere aymée arrive, tous trois se retirent pour l'observer, apres quelque plainte amoureuse elle se repose sur vn gazon, & s'abandonne aux douceurs du sommeil ; l'Amant fait approcher ses amis pour contempler les graces de sa Bergere, & invite toutes choses à contribüer à son repos ; La Bergere en s'esveillant, voit son Berger à ses pieds, se plaint de sa poursuite : Mais considerant sa constance elle luy accorde sa demande, & consent d'en estre aymée en presence des deux Bergers amis : Deux Satyres arrivant se plaignent de son changement, & estant touchez de cette disgrace, cherchent leur consolation dans le vin.

LES PERSONNAGES DE LA PASTORALE.

La Nymphe de la Vallée de Tempé. Mad^{lle} des-Fronteaux.

Tircis. M. Gaye. *Lycaste.* M. Langez.

Menandre. M. Fernon le cadet.

Caliste. Mad^{lle} Hylaire.

Deux Satyres. Messieurs Estival, & Morel.

PROLOGVE.
LA NYMPHE DE TEMPE'.

Venez grande Princesse avec tous vos appas,
Venez prester vos yeux aux innocens ébas
    Que nostre dezert vous presente;
Ny cherchez point l'éclat des Festes de la Cour,
    On ne sent icy que l'amour,
    Ce n'est que d'amour qu'on y chante.

SCENE PREMIERE.
TIRCIS.

Vous chantez sous ces feüillages,
  Doux rossignols pleins d'amour,
  Et de vos tendres ramages
  Vous reveillez tour à tour
  Les échos de ces bocages :
Helas! petits oyseaux, helas!
Si vous aviez mes maux vous ne chanteriez pas.

SCENE DEUXIESME.
LICASTE, MENANDRE, TIRCIS.

LICASTE.

HE' quoy toûjours languissant, sombre, & triste?

MENANDRE.
Hé quoy toûjours aux pleurs abandonné?
TIRCIS.
Toûjours adorant Caliste,
Et toûjours infortuné.
LICASTE.
Domte, domte, Berger, l'ennuy qui te possede.
TIRCIS.
Eh le moyen, helas!
MENANDRE.
Fais, Fais-toy quelque effort.
TIRCIS.
Eh, le moyen, helas! quand le mal est trop fort?
LICASTE.
Ce mal trouvera son remede.
TIRCIS.
Ie ne gueriray qu'à ma mort.
LICASTE, ET MENANDRE.
Ah Tircis!
TIRCIS.

TIRCIS.
Ah Bergers!
LICASTE, ET MENANDRE.
Prens sur toy plus d'empire.
TIRCIS.
Rien ne me peut plus secourir.
LICASTE, ET MENANDRE.
C'est trop, c'est trop ceder.
TIRCIS.
C'est trop, c'est trop souffrir.
LICASTE, ET MENANDRE.
Quelle foiblesse!
TIRCIS.
Quel martire!
LICASTE, ET MENANDRE.
Il faut prendre courage.
TIRCIS.
Il faut plutost mourir.
LICASTE.
Il n'est point de Bergere
Si froide, & si severe,
Dont la pressante ardeur
D'vn cœur qui persevere
Ne vainque la froideur.

D

MENANDRE.
Il est dans les affaires
Des amoureux misteres,
Certains petits momens
Qui changent les plus fieres,
Et font d'heureux Amans.
TIRCIS.
Ie la voy, la cruelle,
Qui porte icy ses pas,
Gardons d'estre veu d'elle,
L'Ingrate, helas !
N'y viendroit pas.

SCENE TROISIESME.
CALISTE.

AH que sur nostre cœur
La severe Loy de l'honneur
Prend vn cruel empire !
Ie ne fais voir que rigueurs pour Tircis,
Et cependant sensible à ses cuisans soucis,
De sa langueur en secret je soupire,
Et voudrois bien soulager son martire,
C'est à vous seuls que je dis,
Arbres, n'allez pas le redire.

Puisque le Ciel a voulu nous former
Avec vn cœur qu'Amour peut enflammer,
    Quelle rigueur impitoyable
Contre des traits si doux nous force à nous armer,
      Et pourquoy sans estre blasmable
      Ne peut-on pas aymer
      Ce que l'on trouve aymable.

    Helas! que vous estes heureux
Innocens Animaux de vivre sans contrainte,
    Et de pouvoir suivre sans crainte
Les doux emportemens de vos cœurs amoureux:
Helas! petits oyseaux que vous estes heureux
    De ne sentir nulle contrainte,
    Et de pouvoir suivre sans crainte
Les doux emportemens de vos cœurs amoureux.

    Mais le sommeil sur ma paupiere
Verse de ses Pavots l'agreable fraischeur,
    Donnons-nous à luy toute entiere,
    Nous n'avons point de Loy severe
Qui deffende à nos sens d'en gouster la douceur.

SCENE QVATRIESME.
TIRCIS, LICASTE, MENANDRE.
TIRCIS.

Vers ma belle ennemie
Portons sans bruit nos pas,
Et ne reveillons pas
Sa rigueur endormie.

TOVS TROIS.

Dormez, dormez beaux yeux, adorables vainqueurs,
Et goustez le repos que vous ostez aux cœurs,
Dormez, dormez beaux yeux.

TIRCIS.

Silence petits oyseaux,
Vents n'agitez nulle chose,
Coulez doucement ruisseaux,
C'est Caliste qui repose.

TOVS TROIS.

Dormez, dormez beaux yeux, adorables vainqueurs,
Et goustez le repos que vous ostez aux cœurs,
Dormez, dormez beaux yeux.

CALISTE.

CALISTE.
Ah quelle peine extréme!
Suivre par tout mes pas.
TIRCIS.
Que voulez-vous qu'on suive, helas!
Que ce qu'on ayme.
CALISTE.
Berger que voulez-vous ?
TIRCIS.
Mourir belle Bergere,
Mourir à vos genoux,
Et finir ma misere,
Puisqu'en vain à vos pieds on me voit soupirer,
Il y faut expirer.
CALISTE.
Ah Tircis, ostez-vous, j'ay peur que dans ce jour
La pitié dans mon cœur n'introduise l'amour.

LICASTE, ET MENANDRE, l'un aprés l'autre.

Soit amour, soit pitié,
Il sied bien d'estre tendre ;
C'est par trop vous deffendre
Bergere, il faut se rendre
A sa longue amitié,
Soit amour, soit pitié,
Il sied bien d'estre tendre.

E

CALISTE.

C'eſt trop, c'eſt trop de rigueur,
J'ay mal-traitté voſtre ardeur
Cheriſſant voſtre perſonne,
Vangez-vous de mon cœur
Tircis, je vous le donne.

TIRCIS.

O Ciel! Bergers! Caliſte! ah je ſuis hors de moy!
Si l'on meurt de plaiſir je dois perdre la vie.

LICASTE.

Digne prix de ta foy

MENANDRE.

O ſort digne d'envie!

SCENE CINQVIESME.
DEVX SATYRES, TIRCIS, LICASTE, CALISTE.

Iᵉ. SATYRE.

Quoy tu me fuis ingrate, & je te vois icy
De ce Berger à moy faire une preference?

IIᵉ SATYRE.

Quoy mes ſoins n'ont rien pû ſur ton indifference,
Et pour ce langoureux ton cœur s'eſt adoucy?

CALISTE.
Le destin le veut ainsi,
Prenez tous deux patience.

I^e. SATYRE.

Aux aymans qu'on pousse à bout
L'amour fait verser des larmes :
Mais ce n'est pas nostre goust,
Et la bouteille a des charmes
Qui nous consolent de tout.

IIe. SATYRE.

Nostre amour n'a pas toûjours
Tout le bonheur qu'il desire :
Mais nous avons un secours,
Et le bon vin nous fait rire
Quand on rit de nos amours.

TOVS.

Champestres Divinitez,
Faunes, Driades, sortez
De vos paisibles retraites ;
Meslez vos pas à nos sons,
Et tracez sur les herbettes
L'image de nos chansons.

En mesme temps six Driades & six Faunes
rtent de leurs demeures, & font ensemble
ne dance agreable, qui s'ouvrant tout d'un

coup, laisse voir un Berger & une Bergere
qui sont en Musique une petite Scene d'u
dépit amoureux.

DEPIT AMOVREVX.
CLIMENE, PHILINTE.
PHILINTE.

Qvand je plaisois à tes yeux
J'estois content de ma vie,
Et ne voyois Roy ny Dieux
Dont le sort me fit envie.
CLIMENE.
Lors que tout autre personne
Me preferoit ton ardeur,
J'aurois quitté la Couronne
Pour regner dessus ton cœur.
PHILINTE.
Vn autre a guery mon ame
Des feux que j'avois pour toy.
CLIMENE.
Vn autre a vangé ma flame
Des foiblesses de ta foy.
PHILINTE.
Cloris qu'on vante si fort,
Mesme d'vne ardeur fidelle,
Si ses yeux vouloient ma mort
Ie mourrois content pour elle.

CLIMENE

CLIMENE.

Mirtil si digne d'envie,
Me cherit plus que le jour,
Et moy je perdrois la vie
Pour luy montrer mon amour.

PHILINTE.

Mais si d'une douce ardeur
Quelque renaissante trace
Chassoit Cloris de mon cœur
Pour te remettre en sa place.

CLIMENE.

Bien qu'avec pleine tendresse
Mirtil me puisse cherir,
Avec toy, je le confesse,
Ie voudrois vivre & mourir.

TOVS DEVX ENSEMBLE.

Ah plus que jamais aymons nous,
Et vivons & mourons en des liens si doux.

TOVS LES ACTEVRS
de la Comedie chantent.

A Mans que vos querelles
Sont aymables & belles,
Qu'on y voit succeder
De plaisirs, de tendresse,

Querellez-vous sans cesse
Pour vous racommoder.

Amans que vos querelles
Sont aymables & belles, &c.

Les Faunes & les Driades recommencent leur dançe, que les Bergeres & Bergers Muſiciens entre-meſlent de leurs Chanſons, tandis que trois petites Driades, & trois petits Faunes, font paroiſtre dans l'enfoncement du Theatre tout ce qui ſe paſſe ſur le devant.

LES BERGERS, ET BERGERES.

Iouïſſons, jouïſſons des plaiſirs innocens
Dont les feux de l'Amour, ſçavent charmer
   nos ſens,
  Des grandeurs, qui voudra ſe ſoucie,
Tous ces honneurs dont on a tant d'envie,
Ont des chagrins qui ſont trop cuiſans :
Iouïſſons, jouïſſons des plaiſirs innocens
Dont les feux de l'Amour ſçavent charmer nos
   ſens.

  En aymant tout nous plaiſt dans la vie,
Deux cœurs vnis de leur ſort ſont contents,
  Cette ardeur de plaiſirs ſuivie,
De tous nos jours fait d'éternels printemps :

Iouïssons, jouïssons des plaisirs innocens
Dont les feux de l'Amour sçavent charmer nos
 sens.

Six Driades. Les Sieurs Arnald, Noblet, Lestang, Favier le cadet, Foignard l'aisné, & Isaac.

Six Faunes. Messieurs Beauchamp, S. André, Magny, Ioubert, Favier l'aisné, & Mayeu.

Un Berger Musicien. Mr Blondel.

Une Bergere Musicienne. Mad^lle de S. Christophe.

Trois petites Driades. Les Sieurs Boüilland, Vaignard, & Thibauld.

Trois petits Faunes. Les Sieurs la Montagne, Daluseau, & Foignard.

LE TROISIESME ACTE
de la Comedie.

QVATRIESME INTERMEDE.

LE Theatre represente une Grote où les Princesses vont se promener, & dans le temps qu'elles y entrent huit Statuës portant chacune un flambeau à la main, font une dance variée de plusieurs belles attitudes, où elles demeurent par intervales.

Huit Statuës. Messieurs Dolivet, le Chantre, S. André, Magny, Lestang, Foignard l'aisné, Dolivet fils, & Foignard le cadet.

LE QVATRIESME ACTE de la Comedie.

CINQVIESME INTERMEDE.

Qvatre Pantomimes pour épreuve de leur adresse, ajustent leurs gestes & leurs pas aux inquietudes de la jeune Princesse.

Quatre Pantomimes. Messieurs Dolivet, le Chantre, S. André, & Magny.

LE CINQVIESME ACTE de la Comedie.

SIXIESME INTERMEDE,
Qui est la solemnité des Ieux Pythiens.

LE Theatre est une grande Salle en maniere d'Amphitheatre ouverte d'une grande Arcade, dans le fond au dessus de laquelle est une Tribune fermée d'un rideau, & dans l'éloignement paroist un Autel pour le Sacrifice. Six hommes presque nuds portant chacun une hache sur l'épaule, comme Ministres du Sacrifice, entrent par le Portique au son des Violons, & sont suivis de de deux Sacrificateurs Musiciens, & d'une Prestresse Musicienne.

La Prestresse. Mademoiselle Hylaire.

Deux Sacrificateurs. Messieurs Gaye, & Langez.

LA PRESTRESSE.

CHantez, peuples, chantez en mille & mille
    lieux
Du Dieu que nous servons les brillantes mer-
    veilles,
    Parcourez la Terre & les Cieux,
Vous ne sçauriez chanter rien de plus precieux,
    Rien de plus doux pour les oreilles.

VNE GRECQVE.

A ce Dieu plein de force, à ce Dieu plein d'appas,
    Il n'est rien qui resiste.

AVTRE GRECQVE.

    Il n'est rien icy bas
Qui par ses bien-faits ne subsiste.

AVTRE GRECQVE.

    Toute la Terre est triste
    Quand on ne le voit pas.

LE CHOEVR.

*Pouſſons à ſa Memoire
Des concerts ſi touchans,
Que du haut de ſa gloire
Il écoute nos chants.*

Les ſix hommes portant les haches font entre-eux vne dance ornée de toutes les attitudes que peuuent exprimer des gens qui étudient leur force, puis ils ſe retirent aux deux coſtez du Theatre pour faire place à ſix Voltigeurs, qui en cadance font paroiſtre leur adreſſe ſur des chevaux de bois, qui ſont apportez par des Eſclaves.

Six hommes portant des haches.
Meſſieurs Dolivet, le Chantre, S. André, Magny, Foignard l'aiſné, & Foignard le cadet.

Six Voltigeurs. Meſſieurs Ioly, Doyat, de Launoy, Beaumont, du Gard l'aiſné, & du Gard le cadet.

Quatre Conducteurs d'Eſclaves.
Meſſieurs le Preſtre, & Ioüan,
les Sieurs Peſan l'aiſné, & Ioubert.

Huit Eſclaves. Les Sieurs Payſan, la Vallée, Pezan le cadet, Favre, Vaignard, Dolivet fils, Girard, & Charpentier.

Quatre femmes & quatre hommes armez à la Grecque, font enſemble vne maniere de jeu pour les armes.

Quatre hommes armez à la Grecque.
Les Sieurs Noblet, Chicanneau, Mayeu, & Desgranges.
Quatre femmes armées à la Grecque.
Les Sieurs la Montagne, Leſtang, Favier le cadet, & Arnald.

La Tribune s'ouvre, vn Heros, ſix Trompettes & vn Timballier ſe meſlant à tous les inſtrumens, annonce avec vn grand bruit la venuë d'Appollon.

Vn Heros. M. Rebel.
Six Trompettes. Les Sieurs la Plaine, Lorange, du Clos, Beaupré, Carbonnet, & Ferier.
Vn Timballier. Le Sieur Daicre.

LE CHOEVR.

Ouvrons tous nos yeux
A l'éclat ſuprême
Qui brille en ces lieux.

Quelle grace extreme!
Quel port glorieux!
Où voit-on des Dieux
Qui ſoyent faits de meſme?

Apollon au bruit des Trompettes & des Violons entre par le Portique, precedé de six Ieunes gens, qui portent des Lauriers entre-laſſez autour d'vn baſton, & vn Soleil d'or au deſſus avec la deviſe Royale en maniere de trophée. Les ſix jeunes gens, pour dançer avec Apollon, donnent leur trophée à tenir aux ſix hommes qui portent les haches, & commencent avec Apollon vne dance heroïque, à laquelle ſe joignent en diverſes manieres les ſix hommes portant les trophées, les quatre femmes armées avec leurs timbres, & les quatre hommes armez avec leurs tambours, tandis que les ſix Trompettes, le Timballier, les Sacrificateurs, la Preſtreſſe & le Chœur de Muſique accompagnent tout cela en s'y meſlant par diuerſes repriſes ; ce qui finit la feſte des jeux Phythiens & tout le divertiſſement.

APOLLON. LE ROY.

Six jeunes Gens, Monſieur le Grand, Le Marquis de Villeroy, Le Marquis de Raſſent, Meſſieurs Beauchamp, Raynal, & Favier.

Chœur de Muſique.

Meſſieurs le Gros, Hedoüin, Eſtival, Don, Beaumont, Bony, Gingan l'aiſné, Fernon l'aiſné, Fernon le cadet, Rebel, Gingan le cadet, Deſchamps,

champs, Morel, Aurat, David, Devellois, Serignan, & quatre Pages de la Musique de la Chappelle, & deux de la Chambre.

POVR LE ROY, Representant le SOLEIL.

IE suis la source des Clairtez,
Et les Astres les plus vantez
Dont le beau Cercle m'environne,
Ne sont brillans & respectez
Que par l'éclat que je leur donne.

Du Char où je me puis asseoir
Ie voy le desir de me voir
Posseder la Nature entiere,
Et le Monde n'a son espoir
Qu'aux seuls bien-faits de ma lumiere.

Bien-heureuses de toutes pars,
Et pleines d'exquises richesses
Les Terres, où de mes regards
I'arreste les douces caresses.

Pour Monsieur le Grand.

Bien qu'auprés du Soleil tout autre éclat s'efface,
S'en éloigner pourtant n'est pas ce que l'on veut,
Et vous voyez bien quoy qu'il fasse
Que l'on s'en tient toûjours le plus prés que l'on peut.

Pour Le Marquis de Villeroy.

De nostre Maistre incomparable
Vous me voyez inseparable,
Et le Zele puissant qui m'attache à ses veux
Le suit parmy les eaux, le suit parmy les feux.

Pour le Marquis de Rassent.

Ie ne seray pas vain quand je ne croiray pas
Qu'vn autre mieux que moy suive par tout ses pas.

FIN.

www.ingramcontent.com/pod-product-compliance
Lightning Source LLC
Chambersburg PA
CBHW060613050426
42451CB00012B/2224